Marginales

Nuevos textos sagrados

Colección dirigida por
Antoni Marí

José Emilio Pacheco

LOS ELEMENTOS DE LA NOCHE

[POEMAS 1958-1962]

TUSQUETS
EDITORES

Diseño de la colección: Guillemont-Navares
Ilustración de portada: © Alicia Sandoval
Fotografía del autor: © Rogelio Cuéllar Ramírez
Colección: Marginales
Serie: Nuevos textos sagrados

Bajo el sello editorial TUSQUETS M.R.
Avenida Presidente Masarik núm. 111,
Piso 2, Polanco V Sección, Miguel Hidalgo
C.P. 11560, Ciudad de México
www.planetadelibros.com.mx

Primera edición en formato epub: junio de 2024
ISBN: 978-607-39-1269-3

Primera edición impresa en México: junio de 2024
ISBN: 978-607-39-1255-6

Impreso en los talleres de Impregráfica Digital, S.A. de C.V.
Av. Coyoacán 100-D, Valle Norte, Benito Juárez
Ciudad De Mexico, C.P. 03103
Impreso en México -*Printed in Mexico*

Para Anna María Icaza y Ramón Xirau

Si les mots n'étaient que signes
timbres-postes sur les choses
qu'est-ce qu'il resterait
poussière
gestes
temps perdu
il n'y aurait ni joie ni peine
par ce monde farfelu.

TRISTAN TZARA

I

PRIMERA CONDICIÓN

[1958-1959]

ÁRBOL ENTRE DOS MUROS

Sitiado entre dos noches
el día alza su espada de claridad,
hace vibrar al esplendor del mundo,
brilla en el paso del reloj al minuto.

Mientras avanza el día se devora.
Y cuando llega ante la puerta roja
arde su luz, su don, su llama
y derriba a los ojos de sus reinos hipnóticos.

Ante el día calcinado dejo caer tu nombre:
haz de letras hurañas,
isla en llamas que brota y se destruye.

Es medianoche a la mitad del siglo.
Todo es el huracán y el viento en fuga.
Todo nos interroga y recrimina.
Pero nada responde,
nada persiste contra el fluir del día.

Atrás el tiempo lucha contra el cielo.
Agua y musgo devoran las señales,
navegación inmóvil de la savia,
muro de nuestras sombras enlazadas,
hoguera que se abisma en sus rescoldos.

Al centro de la noche todo acaba,
dura lo que el relámpago
y lo sepulta el trueno en su rezongo.

CANCIÓN PARA ESCRIBIRSE EN UNA OLA

Ante la soledad se extienden días quemados.
En la ola del tiempo el mar se agolpa,
se disuelve en la playa donde forma el cangrejo
húmedas galerías que la marea destruye.

Las palabras del mar se entremezclan y estallan
cuando se hunde en la tierra el rumor de las olas.
Un caracol eterno son el mar y su nombre.
En la apagada arena viene a encallar la noche.

Y el mar se vuelve espejo de la luna desierta.

Cuando la lluvia a solas se desploma en el río
entre la luz y el agua se disuelven las horas.

Eres la playa en donde nace el mar,
el jardín pastoreado por las olas,
el alba con su séquito de espuma.

Eres el alba, eres el sol, la tierra
y el viento que la sigue por todas partes.

MAR QUE AMANECE

En el alba navega el gran mar solo.
Alza su sed de nube vuelta espuma
y en la arena
duerme como las barcas.

De repente amanece,
gloria que se propaga, cotidiano
nacimiento del mundo.

El otro mar nocturno
bajo la sal ha muerto.

Enciende el vuelo llamas transparentes.
Domina el aire un sol ágil y oscuro.
La noche es oquedad, desierto muro
o río que se disuelve en sus afluentes.

Otro dolor regresa cuando sientes
que el árbol de ese tiempo en que no duro
se nutre de la muerte y lo futuro
y la tierra y la sangre incandescentes.

Avanza el mar. Inunda lo que sueña.
El agua pasa y al fluir perdura.
Se remansan los siglos en la peña

donde la sal anula su estructura.
La sombra arde en su espejo. El mar se adueña
de la tierra: su límite y tortura.

CASIDA

Alrededor del alba
despiertan las campanas,
sonoro temporal que se difunde y vibra
en las últimas bóvedas
de la noche, en el aire
que la luz reconquista.

Vuelan como palomas los instantes
y otra vez
cae el silencio.

LA ENREDADERA

Verde o azul, fruto del muro, crece.
Divide cielo y tierra. Con los años
se va haciendo más rígida, más verde.
Costumbre de la piedra, cuerpo ávido
de entrelazadas puntas que se tocan.
Llevan la misma savia, son una misma planta
y también son un bosque. Son los años
que se anudan y rompen. Son los días
del color del incendio. Son el viento
que atraviesa la luz y encuentra intacta
la sombra que se alzó en la enredadera.

II

DE ALGÚN TIEMPO A ESTA PARTE

[1960-1961]

LOS ELEMENTOS DE LA NOCHE

Bajo el mínimo imperio que el verano ha roído
se deshacen los días.
En el último valle
la destrucción se sacia
en ciudades vencidas que la ceniza afrenta.
La lluvia extingue
el bosque iluminado por el relámpago.
La noche deja su veneno.
Las palabras se rompen contra el aire.
Nada se restituye ni devuelve
el verdor a la tierra calcinada.
Ni el agua en su destierro sucederá a la fuente
ni los huesos del águila volverán por las alas.

TARDE ENEMIGA

La música, el oleaje de los sueños sin nombre,
el epitafio de la tarde, el lento
acontecer de algún milagro herido,
se vuelven instrumentos del domingo culpable.

Puedo afirmar que vivo
porque he aprendido el límite del aire,
lo que se rompe y pierde en el deshielo.
Pero hoy el mundo amaneció de cobre
y las horas llegaron a su término.

Sobre la paz de este final,
de este río que prosigue para aumentar su muerte,
la hora es el cadáver de otra hora abolida.
El tiempo abre las alas.
Se aleja el día hacia ninguna parte.

¿Cómo atajar la sombra
si nada permanece,
si ha sido nuestra herencia la dualidad del polvo?

DE ALGÚN TIEMPO A ESTA PARTE

What can I hold you with?
Jorge Luis Borges,
«Two English Poems»

1

Aquí está el sol con su único ojo, la boca escupefuego que no se hastía de calcinar la eternidad. Y como un rey vencido, observa desde el trono la dispersión de sus vasallos. A veces impregnaba de luz el cuerpo amado. Hoy se limita a entrar por la ventana para decirte que ya dieron las siete y tienes por delante la expiación de tu condena.

2

El día en que cumpliste nueve años levantaste en la playa un castillo de arena. Sus fosos se llenaron de agua de mar, en sus almenas ardió la eternidad del sol, sus patios fueron incrustaciones de coral y reflejos. Los extraños se acercaron para admirar tu obra. Saciado de escuchar que tu castillo era perfecto, volviste a casa lleno de vanidad. Pasaron ya doce años desde entonces. A menudo regresas a la playa, intentas encontrar restos de aquel castillo. Acusan al flujo y al reflujo de su demolición. Pero no son culpables las mareas: bien sabes que alguien lo abolió a patadas —pero algún día el mar volverá a edificarlo.

3

En el último día del mundo dirás su nombre.

4

Sueña el mar. El alba enciende las oscuras islas. Zozobra el barco anegado de soledad. En la escollera se dilata la noche.

5

De algún tiempo a esta parte las cosas tienen para ti el sabor acre de lo que muere y de lo que comienza. Áspero triunfo de tu misma derrota, viviste cada día en la madeja de la irrealidad. El año enfermo te dejó en rehenes algunas fechas que te cercan y humillan, algunas horas que no volverán pero viven su confusión en la memoria. Empezaste a morir y a darte cuenta de que el misterio no va a extenuarse nunca. El despertar es un bosque donde se recupera lo perdido y se destruye lo ganado. Y el día futuro, una miseria que te encuentra a solas con tus pobres palabras. Mírate extraño y solo, de algún tiempo a esta parte.

ÉGLOGA OCTAVA

Lento muere el verano.
En silencio se apagan sus gemidos.
Un otoño temprano
hundió verdes latidos,
árboles por la muerte merecidos.

La luz nos atraviesa.
De tu cuerpo se adueña y lo decora.
El fuego que te besa
se consume en la hora,
diluida en la tarde asoladora.

Vivimos el presente
en función del mañana y el pasado.
Pero si el día no miente,
no estaré ya a tu lado
en otro tiempo que nació arrasado.

Bajo estas soledades
se han unido el desierto y la pradera.
Y la dicha que invades
ya no te recupera
y durará lo que la noche quiera.

Creciste en la memoria
hecha de otras imágenes, mentida.
Ya no habrá más historia
para ocupar la vida
que tu huella sin sombra ni medida.

Inútil el lamento,
inútil la esperanza, el desterrado
sollozar de este viento.
Se ha llevado
el rescoldo de todo lo acabado.

Esperemos ahora
la claridad que apenas se desliza.
Nos encuentra la aurora
en la tierra cobriza
faltos de amor y llenos de ceniza.

No volveremos nunca
a tener en las manos el instante.
Porque la noche trunca
hará que se quebrante
nuestra dicha y sigamos adelante.

El oscuro reflejo
del ayer que zozobra en tu mirada
es el oblicuo espejo
donde flota la nada
de esta reunión de sombras condenada.

La llama que calcina
a mitad del desierto se ha encendido.
Y se alzará su ruina
sobre este dolorido
y silencioso estruendo del olvido.

El mundo se apodera
de lo que es nuestro y suyo. Y el vacío
todo lo hunde y vulnera,
como el río
que humedece tus labios, amor mío.

Una paloma gris que se deshace
pule en el aire su desnudo vuelo.
En el instante en que la luz renace
brilla en su gloria el desmedido cielo:
nube y paloma que en su vago enlace
son un mismo dibujo en este suelo.
Pero en la noche o en el hondo espejo
las tinieblas diluyen tu reflejo.

No es el futuro ni su irreal presencia
lo que nos tiene lejos, divididos.
Es el lento desastre, la existencia,
en donde triunfan todos los olvidos.
Sólo en el sueño, azogue y transparencia,
caminamos desiertos pero unidos.
No volverás hasta el llameante centro,
la fugitiva arena del encuentro.

De la mirada tú sigues cautiva
en el recinto fiel de la memoria.
Allí te quedas imposible y viva
como llama doliente y transitoria.
Todo se enciende hoy para que escriba
viejas palabras de una antigua historia.
Atrás de este minuto se derrumba
la bahía en que el mar halló su tumba.

Sólo hay silencio. Ya ningún poema
recogerá en su eco este lamento.
Llega a su fin el doloroso tema,
hoy sólo ruina que ha deshecho el viento.
Epitafio sin nombre, piedra extrema
desfigurada por el sol violento.
Hoy es ayer. Se acerca el fin baldío
de todo lo que fue y es del vacío.

LA FALSA VIDA

Alguien te sigue a veces en silencio.
Las cosas nunca dichas
se transforman en actos.
Atraviesas la noche en las manos del sueño,
pero el otro, implacable,
no te abandona: lucha
contra la irrealidad, la falsa vida
donde todo es ocaso.

Frágil perseguidor que eres tú mismo,
lo has obligado a ser, en guardia siempre,
el minucioso espejo que no olvida.

LUZ Y SILENCIO

Todo lo que has perdido, me dijeron, es tuyo.
Y ninguna memoria recordaba que es cierto.

Todo lo que destruyes, afirmaron, te hiere.
Traza una cicatriz que no lava el olvido.

Todo lo que has amado, sentenciaron, ha muerto.
No quedó ni la sombra, se acabó para siempre.

Todo lo que creíste, repitieron, es falso.
Se hundieron las palabras con que empezó tu tiempo.

Todo lo que has perdido, concluyeron, es tuyo.
Y una luz fugitiva anegará el silencio.

Vuelve a mi boca, sílaba, lenguaje
que lo perdido nombra y reconstruye.
Vuelve a tocar, palabra, el vasallaje
donde su propio fuego se destruye.

Regresa, pues, canción hasta el paraje
en que el tiempo se incendia mientras fluye.
No hay monte o muro que su paso ataje.
Lo perdurable, no el instante, huye.

Ahora te nombro, incendio, y en tu hoguera
me reconozco: vi en tu llamarada
lo destruido y lo remoto. Era

árbol fugaz de selva calcinada,
palabra que recobra en el sonido
la materia deshecha del olvido.

PRESENCIA

Homenaje a Rosario Castellanos

¿Qué va a quedar de mí cuando me muera
sino esta llave ilesa de agonía,
estas breves palabras con que el día
regó ceniza entre la sombra fiera?

¿Qué va a quedar de mí cuando me hiera
esa daga final? Acaso mía
será la noche fúnebre y vacía.
No volverá a su luz la primavera.

No quedará el trabajo ni la pena
de creer ni de amar. El tiempo abierto,
semejante a los mares y al desierto,

ha de borrar de la confusa arena
todo cuanto me salva o encadena,
Y si alguien vive yo estaré despierto.

Dicta el agobio su pesar. La noche
es la que permanece y la que sueña.
Como aguas divididas se apartaron las horas
y se alejó la luz. Todo es desierto.

El mundo suena a hueco. En su corteza
ha crecido el temor. Alguien, a veces,
puede creerse vivo. Pero el tiempo
le quitará el orgullo y en su boca
hará crecer el polvo, ese lenguaje
que hablan todas las cosas.

ÉXODO

En lo alto del día eres el que regresa
a borrar de la arena la oquedad de su paso;
el héroe imperdonable que escapó del combate
y apoyado en su escudo mira arder la derrota;
el náufrago sin nombre que se aferra a otro cuerpo
para que el mar no arroje su cadáver a solas;
el perpetuo exiliado que en el desierto mira
arder hondas ciudades cuando el sol retrocede;
el que clavó sus armas en la piel de un dios muerto
y ahora escucha en el alba cantar un gallo y otro,
porque las profecías van a cumplirse, atónito
y sin embargo cierto de haber negado todo;
el que abre la mano
y recibe la noche.

III

CRECIMIENTO DEL DÍA

[1962]

INSCRIPCIONES

1

Muro que sin descanso pule el tiempo,
altar de piedra y polvo ya deshecho,
puerta cerrada de un jardín que nunca
ha existido o yace entre sus ruinas,
reino del musgo, losa que se yergue
contra el paso de nadie y bajo el tiempo.

2

Toda la noche se ha poblado de agua.
Contra el muro del día
el mundo llueve.

3

Una vez, de repente, a medianoche
se despertó la música. Sonaba
como debió de sonar antes que el mundo
supiera que es la música el lamento
de la hora sin regreso, de los seres
que el instante desgasta a cada instante.

4

Sobre un espacio del segundo el tiempo
deja caer la luz sobre las cosas.

5

Ya devorado por la tarde el tigre
se hunde en sus manchas,
sus feroces marcas,
legión perpetua que lo asedia, hierba,
hojarasca, prisión
que lo hace tigre.

6

Cierra los ojos, mar.
Que tu mirada
se vuelva hacia la noche
honda y extensa,
como otro mar de espumas y de piedras.

CRECIMIENTO DEL DÍA

I

Letras, incisiones en la arena, en el vaho. Signos que borrará el agua o el viento. Símbolos aferrados a la hora que se cumple dentro de mí, al silencio. ¿Para qué hendir esta remota soledad de las cosas y llenarlas de trazos e invocaciones? Porque así las murallas de esta cárcel de azogue no prevalecerán contra mi nada.

2

He inventado la selva pero me falta un árbol que la pueble. En los abismos de una gota de agua el pez creciente sueña con detenerse encadenado. La combustión del tiempo engendra al sol. En los pasadizos de una hoja de sauce y en las cordilleras de un grano de sal nace y se hace lo indecible. Todo principio gira. La ceniza siente nostalgia del incendio. Se levanta a arrasarte, maraña que no conocerás mi último día.

3

Distancias, llanuras, escarpaciones: años incorporados a mi sangre. Jamás han de volver porque están vivos. Me hablan de la batalla que perdí sin librarla. Fui el centinela que no estuvo en su sitio para correr la voz de alarma. Mientras tanto se sucedían las devastaciones. Como el procurador de Judea, me lavo las manos ante la multitud que dicta mi condena.

4

La palabra despierta,
abre los ojos,
dice apenas que existe.
Cae el silencio.

5

Olvidada del mar, una ola naufraga en la bahía desierta. Nadie pregunta a la cambiante nube de qué fuente alzó el vuelo. Se va a pique el otoño, rota generación de hojas baldías. Tenemos que gastarnos, como ese lápiz sordo contra el muro.

6

Tropel, alba, rumor:
la tierra nace,
la luz se reconstruye,
el viento borra.
Se hunde en la marea
el día de sombra.

7

En los desfiladeros, en las ruinas
grabé tu nombre.

(El astro resplandece
y en su adentro
caen en la nada vastos continentes.)

En las hojas borradas y en la hiedra
creció tu nombre.

(El sol que nace
prueba en la sal del mar
su eterna muerte.)

8

En la noche de piedra arden los árboles.
Fuego como susurro del infierno.
El gran rayo bramante se desploma.
Le abre la tierra un árido sepulcro.

9

Ceremonia del círculo, materia,
calcinación, alianza en las tinieblas.
Y tú, sal de la noche, sal eterna.
Dame la luz sagrada de tu cuerpo.

10

Te detienes al centro del verano
y brota un año más, otra clausura.
Se diluye la tarde en la espesura.
El mundo se renueva y es en vano.

El día agoniza a la mitad del llano.
El aire es una voz: calla y murmura.
Todo se va y se pierde sin premura.
Todo se apaga en el confín lejano.

Nuestra será la noche. Será tuya
la honda oquedad sin nombre, ese vacío
donde reina la nada, el poderío

del instante perpetuo y desterrado.
El tiempo está filtrando del pasado
la arena que a su paso te destruya.

ÍNDICE